Fiche **philosophe**

Par Eleonore Faivre d'Arcier

Kant

lePetitPhilosophe.fr

KANT

PHILOSOPHE ALLEMAND FONDATEUR DE LA PHILOSOPHIE CRITIQUE ET TRANSCENDANTALE

- **Né en 1724 à Königsberg**
- **Décédé en 1804 à Königsberg**
- **Quelques-unes de ses œuvres :**
  - *Critique de la raison pure* (1781 et 1787)
  - *Critique de la raison pratique* (1788)
  - *Critique de la faculté de juger* (1790)

Philosophe des **Lumières**, ardent défenseur du principe d'autonomie contre une métaphysique désuète, Emmanuel Kant inaugure la philosophie critique et transcendantale : d'une part, il **convoque la raison humaine devant son propre tribunal** afin qu'elle puisse se juger elle-même, d'autre part, il **s'intéresse à notre manière de connaitre à priori les objets**. C'est une figure philosophique incontournable dont les travaux, relatifs à la connaissance scientifique, à l'éthique, à l'esthétique, à la religion, à l'anthropologie, au droit, au politique et à l'histoire, ont profondément marqué la pensée occidentale. L'idéalisme allemand, le néokantisme et la phénoménologie – pour ne citer que ces courants-là – témoignent de l'influence majeure du kantisme sur la tradition philosophique.

BIOGRAPHIE

LA VOIE DE L'ENSEIGNEMENT

Kant **nait en 1724 à Königsberg**, en Prusse orientale, et grandit dans une famille nombreuse où il reçoit, par sa mère, une luthérienne piétiste, une **éducation morale extrêmement rigoureuse**. Il entre à seize ans, soit en **1740**, à l'**université** de Königsberg, où il étudie la théologie et la philosophie, mais aussi les mathématiques et la physique d'Isaac Newton (1642-1727).

> ### BON À SAVOIR
>
> Le **piétisme** désigne un mouvement religieux ayant vu le jour dans l'Église luthérienne allemande (fondée par le théologien et réformateur Martin Luther, 1483-1546) à la fin du XVIIe siècle en opposition au dogmatisme de l'Église officielle.

En **1746**, Kant devient **précepteur** auprès de familles de la région, mais il **réintègre l'université** en tant que *Privatdozent* en 1755, c'est-à-dire comme professeur rémunéré par les étudiants. Il publie alors une dissertation intitulée *Les Premiers Principes de la connaissance métaphysique*. Durant cette période, Kant enseigne la théologie, la logique, les mathématiques, la physique, la philosophie ou encore l'anthropologie, et analyse avec enthousiasme des œuvres de Jean-Jacques Rousseau (1712-1778), de David Hume (1711-1776), de Newton, de Johannes Kepler (1571-1630), etc.

LE TEMPS DE L'ÉCRITURE

Ce n'est qu'en **1770** qu'il est nommé **professeur titulaire** d'une chaire de logique et de métaphysique. À cette occasion, il rédige sa **dissertation inaugurale** : *La Forme et les principes du monde sensible et du monde intelligible*. Cet ouvrage marque un certain tournant dans la pensée de Kant qui y laisse entrevoir **les prémisses de sa philosophie critique**.

Il faut toutefois attendre une dizaine d'années pour voir éclore sa grande œuvre : la ***Critique de la raison pure*** connait une première édition en **1781**, la ***Critique de la raison pratique*** en **1788** et la ***Critique de la faculté de juger*** parait en **1790**. Il publie alors également les *Prolégomènes à toute métaphysique future* (1783), les *Fondements de la métaphysique des mœurs* (1785), *La Religion dans les limites de la simple raison* (1793) et enfin l'*Anthropologie d'un point de vue pragmatique* (1798).

En 1797, diminué physiquement, Kant se retire de la vie universitaire. Il **meurt paisiblement en 1804**.

LA PAIX DE L'ESPRIT, DU CORPS ET DU LOGIS

Absorbé par ses études et par ses enseignements, Kant veillait à **se préserver de toute exaltation et démesure**. Il s'est ainsi maintenu à l'écart des désirs amoureux et autres passions humaines. Cette attitude, qui n'est pas sans annoncer la couleur de son éthique, reflétait également certaines **valeurs du piétisme** – travail, simplicité, prière.

S'il consacrait le plus clair de son temps à nourrir et à exercer son esprit, Kant n'ignorait pourtant pas qu'il avait un corps. Mais il fallait le discipliner afin que ce corps ne trouble pas le travail de la raison et qu'il soutienne le mieux et le plus longtemps possible la marche de l'esprit. Ainsi, Kant respectait un rythme quotidien immuable et se montrait intransigeant à l'égard de tout dérangement extérieur. On raconte même qu'il aurait déménagé à défaut d'avoir pu se débarrasser d'un coq qui occupait le jardin de son voisin !

Il ne faut toutefois pas croire que Kant refusait ou écartait le monde extérieur. Il privilégiait plutôt à un rapport immédiat et direct avec celui-ci un rapport distancié, intellectuel et critique. Ainsi, il n'a jamais voyagé et il n'a même jamais quitté sa ville natale. Cela ne l'a pourtant pas empêché de garder son esprit en éveil, connecté aux réalités de son temps et curieux de tout, grâce à ses recherches, à ses lectures et aux repas quotidiens qu'il organisait chez lui. Kant avait en fait choisi de placer au cœur de son existence, avant toute autre chose et à sa façon, l'intuition intellectuelle la plus puissante et la plus prégnante de sa philosophie : **l'exercice et la conquête de l'autonomie de la pensée**.

CONTEXTE PHILOSOPHIQUE

LES LUMIÈRES : OSER PENSER PAR SOI-MÊME

Kant est un penseur majeur du XVIIIe siècle, appelé « siècle des Lumières ». Il n'y a peut-être pas d'écrit qui manifeste aussi clairement l'apport et l'ancrage du philosophe dans son temps que son article paru en 1784 : « Qu'est-ce que les lumières ? » Kant y révèle le cœur battant de la pensée moderne, mais aussi celui de sa propre pensée : sa foi dans **la vocation de chaque homme à penser par lui-même, à comprendre le monde à la lumière de sa propre raison**.

Kant n'est pas naïf. La paresse, la lâcheté, le gout du pouvoir... les diverses tendances de l'homme ne le poussent pas à s'arracher au jugement d'autrui ni à encourager autrui à le faire, loin de là ! Il possède toutefois, selon le philosophe, **une perfectibilité liée à la reconnaissance de son pouvoir et de son devoir d'autonomie**. En effet, l'homme n'est pas en soi une incarnation de la liberté, mais il n'est pas condamné à se plier passivement ni à se conformer aveuglément aux règles en place. Il peut réfléchir par lui-même, critiquer les pensées dominantes, chasser les préjugés et par conséquent affranchir sa pensée de toute forme d'autorité. De plus, l'homme est en mesure de se donner à lui-même des lois et de se reconnaitre comme étant à l'origine de ses actes.

Ainsi, on voit éclore au XVIIIe siècle une pensée critique inédite : les philosophes de l'époque entendent balayer les obscurantismes qui prévalaient jusque-là. Ils s'attaquent

notamment aux dogmes religieux, au fanatisme, à l'abso-
lutisme, aux injustices, etc., défendant des idéaux tels que
la liberté, la tolérance, le bonheur individuel et le progrès.

RENOUVELER LA MÉTAPHYSIQUE

La Critique de la raison pure s'ouvre sur une critique acerbe
de la métaphysique : selon Kant, cette dernière, contraire-
ment à la physique mathématique de Newton, s'éloigne de
la voie sure de la science et se réduit à des argumentaires
sans fondement ni fin. Cherchant à répondre aux grandes
questions telles que « Dieu existe-t-il ? », « L'âme est-elle
immortelle ? », etc.**, la métaphysique n'est qu'une vaine
spéculation, qui ne repose sur aucune expérience**,
et excelle dans l'art de produire des jugements vides et
inconsistants.

Kant attaque en ce sens **l'argument ontologique de René
Descartes** (1596-1650) : Dieu est parfait, or il est plus parfait
d'exister que de ne pas exister, donc Dieu existe. Pour le
philosophe allemand :

- d'une part, la notion de Dieu n'est pas un concept de la
  connaissance, mais bien une idée qui fait appel à un acte
  de foi ;
- d'autre part, un tel raisonnement prétend fonder son
  savoir en dehors de toute expérience. Or aucune notion
  ne peut tirer d'elle-même son existence, tout jugement
  d'existence suppose l'expérience !

Non contente de méconnaitre les limites de la connaissance et de brouiller les frontières entre ce qui relève de la connaissance et ce qui relève de la croyance, **la métaphysique rend également problématique le devoir de liberté de l'homme**. Prenons par exemple **le principe de l'harmonie préétablie de Gottfried Wilhelm Leibniz** (1646-1716) sur lequel Kant revient dans sa *Critique de la raison pure*. Selon ce principe, Dieu a créé le meilleur des mondes possibles : tout y a toujours déjà été organisé, ordonné, animé par la raison divine, et rien n'y arrive par hasard. Chaque existence particulière se réalise ainsi selon un plan idéal divin, selon l'harmonie préétablie par Dieu. Dès lors que reste-t-il de la liberté humaine, si Dieu a effectivement choisi et organisé de toute éternité notre monde ? Si Dieu a posé au départ que tel individu deviendra un grand musicien, un voleur de pommes, un avocat ou encore un assassin, peut-on encore affirmer que l'homme est autonome, c'est-à-dire qu'il est à l'origine de ses actes, des normes, des valeurs et des règles qu'il adopte pour régir sa vie ?

Kant s'engage alors à **renouveler le contenu de la métaphysique**. Il l'envisagera désormais comme une méthode dont le but est notamment de distinguer le domaine du savoir de celui de la foi.

LA PENSÉE CRITIQUE COMME TRIBUNAL DE LA RAISON

Afin de découvrir cette métaphysique renouvelée, il faut encore souligner que l'enjeu de toute cette entreprise consiste également à répondre à cette question philosophique fondamentale : « **Qu'est-ce que l'homme ?** »

En effet, réfléchir les limites du pouvoir de connaitre et poser le devoir d'autonomie de l'homme, c'est aussi une façon de sonder et de penser notre humanité. C'est d'ailleurs pour cette raison que l'on parle de « **philosophie critique** ». Critiquer vient du grec *krinein* qui signifie « juger ». Kant convoque la raison humaine devant son propre tribunal afin qu'elle puisse se juger elle-même, critiquer ses prétentions et reconnaitre l'étendue de son règne. Autrement dit, à travers ses *Critiques*, **il invite la raison à se réfléchir, à se critiquer et à reconnaitre ses pouvoirs, ses limites et ses devoirs**. La critique de la raison humaine par elle-même ou cet effort de connaissance de soi de l'homme se trouve donc placé au cœur de la métaphysique kantienne.

PENSÉE ET APPORT

Kant s'attache à la question de savoir ce qu'est l'homme, qui se décline elle-même en trois autres interrogations :

- **« Que puis-je connaitre ? »**
- **« Que dois-je faire ? »**
- **« Que m'est-il permis d'espérer ? »** (*Logique*, p. 25)

Ces trois questions ouvrent chacune une voie de réflexion dans un domaine spécifique de la pensée :

- la première engendre une **réflexion épistémologique** ;
- la seconde une **réflexion éthique** ;
- la troisième une **réflexion téléologique et esthétique**.

Ces questions sont traitées respectivement dans la *Critique de la raison pure*, la *Critique de la raison pratique* et la *Critique de la faculté de juger*.

« QUE PUIS-JE CONNAITRE ? »

La méthode transcendantale

L'épistémologie désigne d'une manière générale l'étude de la connaissance (*épistèmè* en grec) et s'attache à définir ce qu'est une science. Cependant, Kant n'aborde pas pour eux-mêmes les domaines particuliers du savoir (par exemple la biologie ou les mathématiques, etc.), ni les objets particuliers des sciences (par exemple les astres, les éléments chimiques, etc.) : il se penche sur **notre manière de connaitre à priori les objets** (en dehors de toute expérience et qui rend celle-ci possible), sur **les conditions de la possibilité de la connaissance**. Kant parle de méthode transcendantale. Autrement dit, l'épistémologie kantienne s'intéresse au rapport que le sujet établit à priori avec les objets qu'il cherche à connaitre. La question que pose le philosophe est donc celle-ci : **sur la base de quelles conditions ou à priori le sujet construit-il son savoir ?**

La révolution copernicienne de Kant

Il y a dans cette manière de poser le problème de la connaissance une prise de position décisive : Kant présuppose **que le sujet de la connaissance s'implique activement dans la construction de son savoir**. Il parle lui-même d'une véritable révolution copernicienne de la pensée : de la même manière qu'il a fallu se détacher de la croyance selon laquelle le Soleil ne tourne pas autour de la Terre, il faut se défaire du préjugé selon lequel le sujet de la connaissance serait le spectateur paresseux et passif d'un monde qui contiendrait en lui le secret de la connaissance.

En effet, ce n'est pas la connaissance qui doit se régler sur l'objet, mais l'inverse. Autrement dit, les objets qui nous entourent ne sont pas des choses qui vont de soi, auxquels doit correspondre notre savoir (<u>citation 1</u>). Kant les considère d'abord comme **des phénomènes**, c'est-à-dire des choses telles qu'elles nous apparaissent. Et ces choses nous apparaissent comme **des problèmes à résoudre**, comme des questions auxquelles il faut répondre. Pour connaitre ces phénomènes, nous devons alors **les interpréter grâce à des réseaux de concepts qui structurent notre perception et notre compréhension**. Ces concepts, aussi appelés à priori, ne sont pas en tant que tels inscrits dans le monde, mais ils sont produits par l'homme dans le but de le déchiffrer. Toute science suppose donc un acte de création et de construction de la part du sujet de la connaissance. Prenons par exemple le Soleil : cet « objet » existe indépendamment d'un « sujet » de connaissance, mais il devient un objet de connaissance, un phénomène, dès lors qu'il est envisagé par le sujet qui cherche à le comprendre, à l'interpréter et qui s'interroge sur ce que c'est. Le Soleil devient une question et pour y répondre, le sujet se réfère à un réseau de concepts et de raisonnements qui ne sont pas l'œuvre du Soleil, mais bien de l'homme qui cherche à le comprendre.

En somme, Kant envisage son épistémologie comme une méthode transcendantale, c'est-à-dire comme une recherche des conditions subjectives de la connaissance, conditions qui ne sont pas inscrites dans la chose, mais bien prescrites à priori par tout sujet de la connaissance en relation avec un phénomène.

Le point de vue critique, entre rationalisme et empirisme

Avant d'aborder les à priori communs à tout sujet de la connaissance, il faut encore préciser que Kant, avec sa pensée critique, veut **éviter deux écueils** : celui du rationalisme strict et celui de l'empirisme borné. Pour cela, il se détourne de la façon dont ces deux points de vue envisagent les jugements scientifiques :

- **d'un point de vue strictement rationaliste, les jugements scientifiques sont des jugements analytiques**

à priori. Il s'agit d'un jugement (sujet=prédicat, par exemple : « Un triangle [=sujet] a trois côtés [=prédicat] ») dans lequel on analyse le sujet (triangle) dont on déduit le prédicat (a trois côtés) selon le principe à priori (qui ne provient pas de l'expérience) de contradiction (je ne peux affirmer sans me contredire qu'un triangle n'a pas trois côtés) ;

- **d'un point de vue radicalement empiriste, nos savoirs sont formulés à travers des jugements synthétiques à postériori**. Partons de l'exemple de Kant : on perçoit d'une part une pierre chaude, d'autre part le Soleil qui brille et on pose le jugement « c'est le Soleil qui réchauffe la pierre ». Le jugement est considéré dans ce cas comme une synthèse ou une association de perceptions (le Soleil et la pierre), réalisée grâce à un principe à postériori (ici le principe de causalité : le Soleil qui brille est la cause de l'effet de chaleur sur la pierre) acquis grâce à l'expérience répétée (parce qu'on a l'habitude de voir certains phénomènes suivis de certains effets, on a acquis le concept de causalité).

BON À SAVOIR

Le **rationalisme** désigne une doctrine selon laquelle toute connaissance provient de principes à priori de la raison humaine, c'est-à-dire de principes qui existent indépendamment de l'expérience. Inversement, l'**empirisme** est une doctrine soutenant que toute connaissance provient de l'expérience.

Pour Kant, il faut abandonner ces points de vue pris isolément. Selon lui, **un jugement scientifique est un jugement synthétique** (qui suppose donc une synthèse entre des perceptions) **qui repose sur des principes à priori** (qui ne sont pas réduits au seul principe de contradiction). Reprenons l'exemple de la pierre chauffée par le Soleil : pour le philosophe, la synthèse entre les deux perceptions (le Soleil et la pierre) repose sur un principe de causalité qui n'est pas un principe à postériori issu de l'habitude, mais qui est produit à priori par le sujet de la connaissance qui rend dès lors son jugement de connaissance possible. Autrement dit, on relie les perceptions entre elles, grâce au concept à priori de la causalité présent en nous et on produit ainsi un jugement synthétique à priori.

Les conditions transcendantales ou à priori

Venons-en à ces *à priori* que produirait tout sujet de la connaissance en vue de comprendre ce qui l'entoure. Que sont-ils ?

Kant commence par distinguer **deux formes pures/à priori de la sensibilité** (faculté d'être affecté) : **l'espace et le temps** (<u>citation 2</u>). Ce ne sont ni des choses, ni des propriétés de choses, mais des formes grâce auxquelles le sujet appréhende un objet. Ce sont des sortes d'interfaces où se moulent les phénomènes qui nous apparaissent alors juxtaposés dans l'espace et/ou dans le temps. Ainsi tout phénomène nous apparait dans de l'espace et du temps. Par exemple, on ne peut percevoir une mélodie sans le temps musical dans lequel elle se déroule ou on ne peut appréhender un cube en dehors de tout espace géométrique.

Kant dégage ensuite des fonctions unificatrices du jugement et des intuitions appelées **catégories ou concepts purs/à priori de l'entendement** (faculté de connaitre) : **quantité** (unité, pluralité, totalité), **qualité** (réalité, négation, limitation), **relation** (substance, causalité, communauté ou action réciproque), **modalité** (possibilité-impossibilité, existence-non-existence, nécessité-contingence). L'entendement produit des concepts à priori sans lesquels nous ne pourrions formuler de connaissance. Par exemple, on ne peut compter des œufs dans un panier sans recourir de façon à priori aux catégories de la quantité.

Enfin, Kant pose les **principes à priori de l'entendement** qui relient les intuitions aux concepts. Pour le dire autrement, ces principes **déterminent les formes pures** de la sensibilité (espace et temps) **par les concepts à priori** de l'entendement (quantité, qualité etc.). Pour le comprendre, évoquons le principe à priori des grandeurs extensives qui considère la détermination des formes à priori de l'espace et du temps par les concepts de la quantité. Tout phénomène peut être considéré dans sa forme comme une totalité (spatiale et/ou temporelle) quantifiable, constituée d'une pluralité d'unités homogènes, traduisibles dans les nombres et rendant possible la mesure. Selon ce principe, on peut par exemple à priori considérer un mur comme un phénomène étendu dans l'espace dont on peut mesurer le périmètre en mètres. On peut donc considérer ce phénomène comme un tout constitué d'une pluralité d'unités convertibles en unités de mesure.

« QUE DOIS-JE FAIRE ? »

Une éthique du devoir et de la liberté

L'éthique kantienne examine **les conditions de possibilité d'une action bonne**. Comme pour son épistémologie, Kant cherche à dégager des principes fondateurs de l'éthique qui trouvent leur origine dans le sujet tout en étant universels, valables pour tout homme.

Pour que notre action soit éthique ou bonne, **elle doit provenir d'une bonne volonté**, c'est-à-dire d'une volonté **libre ou autonome**. Et une volonté n'est libre qu'à la condition d'agir par pur **respect des devoirs prescrits à priori par la raison**. L'autonomie désigne en effet la capacité à se donner ses propres règles (<u>citation 3</u>).

Plus précisément, **nos maximes** – principes subjectifs de la volonté particulière du sujet (par exemple : « Je ne tuerai point ou je ne ferai pas une fausse promesse dans le seul but de me tirer d'affaire. ») – **doivent être en accord avec les devoirs ou lois pratiques que la raison** – supposée identique chez tout homme – **se donne à elle-même à priori**. Que sont plus concrètement ces devoirs ou lois pratiques à priori ?

Ce que les devoirs de la raison ne sont pas

Ces devoirs ne correspondent nullement à des principes qui seraient **prescrits par une autorité ou une instance extérieure** comme la société, la famille, la législation d'un pays, etc. (par exemple l'interdiction de fumer en certains lieux, l'obligation de vote, etc.).

Ils sont également irréductibles à **des tendances ou penchants naturels** dictés par un besoin intérieur et que Kant appelle inclinations (par exemple, si on ne peut pas s'empêcher de secourir une personne blessée simplement parce qu'il est dans notre nature de le faire, notre volonté n'est pas à proprement parler libre).

Ils ne peuvent pas non plus se confondre avec **un mobile intéressé et extérieur à l'action**. En ce sens, agir par peur des conséquences ou par souci d'être utile n'est pas éthique (par exemple, aider une vieille dame à porter ses sacs en vue de recevoir de l'argent ou ne pas tuer son voisin par peur d'être emprisonné).

Pour que notre action soit éthique, nos intentions ne peuvent donc pas se baser sur des lois prescrites par des autorités, des inclinations ou des intérêts. Aussi la bonne volonté ne fait-elle pas de son action un moyen pour réaliser une autre fin.

Les trois impératifs catégoriques

Une volonté est bonne et autonome quand son intention vise l'action pour elle-même et lorsqu'elle respecte **les devoirs à priori** de la raison qui sont formulés par Kant à travers **trois impératifs catégoriques** :

- **le principe de l'universalisation de nos maximes**. Il s'agit de vérifier si la maxime que l'on adopte pour notre action peut être valable pour n'importe quelle volonté (citation 4). La question que l'on se pose est donc : mon principe subjectif peut-il valoir pour toute autre volonté ?

Par exemple, peut-on universaliser notre intention de faire une fausse promesse sans intention de la tenir ? Selon Kant, le principe d'une fausse promesse érigée en loi universelle détruirait l'idée même de la promesse qui repose sur la confiance entre les hommes ;

- **le principe du respect inconditionnel de la personnalité**, c'est-à-dire de la part intelligible de l'homme. En effet, parce qu'il est doué de raison et par conséquent en mesure de déterminer ses actions par devoir, l'homme est digne de respect et doit être considéré comme une fin pour elle-même. Pour que notre action soit éthique, on doit alors respecter en nous et chez autrui cette humanité et ne pas l'utiliser comme moyen (citation 5). Par exemple, notre action ne sera pas éthique si l'on feint d'être aimable avec quelqu'un (=moyen) dans le seul but d'obtenir de sa part un poste ou de l'argent (=fin) ;
- enfin, il s'agit de **poser le « règne des fins » comme idéal**. L'homme doit agir comme s'il habitait dans un monde où tous les êtres étaient autonomes, respectueux d'eux-mêmes et d'autrui. La bonne volonté postule ainsi un « règne » dans lequel chaque être se traiterait lui-même et autrui comme fin, un monde où chacun se reconnaitrait comme être autonome (citation 6). Un tel monde n'est bien entendu pas réel, mais seulement idéal.

La séparation de l'être et du devoir être en question

Le troisième impératif met l'accent sur un des problèmes que pose l'éthique de Kant : outre le caractère formel des devoirs (qui ne présentent pas tant un contenu concret que des formes de lois pour nos maximes), Kant établit à la base même de sa réflexion une **séparation entre l'être ou ce qui est et le devoir être ou ce qui devrait être**. Les devoirs à priori ne sont pas dérivés de l'expérience, mais sont produits à priori par la raison. Si l'on examine nos actions concrètes, si l'on observe la nature humaine, on ne rencontre pas tant le strict respect du devoir qui exigerait l'abnégation de soi-même que le règne de notre cher moi.

Mais alors une question se pose : **cette éthique est-elle réalisable ou n'est-elle qu'une source d'inspiration pour notre action ?** Notre intention peut-elle être aussi pure qu'elle devrait l'être ? Peut-on être libre et autonome ou est-on condamné à seulement l'espérer ?

Le caractère idéal de l'éthique kantienne soulève un autre problème : pour penser une action bonne, **Kant fait abs-traction de toute circonstance particulière et de tout contexte**. Quelle que soit la situation, il considère par exemple le devoir de dire la vérité comme un devoir absolu, en accord avec les devoirs à priori de la raison. Mais que faire lorsque le contexte change véritablement la teneur de l'action ? Imaginons que l'on accepte de cacher un innocent alors que son bourreau le recherche. Si le bourreau entre chez nous et nous demande si on cache la victime, va-t-on lui dire la vérité ? Une dénonciation est-elle plus éthique qu'un mensonge ?

De la même façon, **certains principes** que Kant juge en accord avec les devoirs de la raison **peuvent, dans l'ex-périence, se livrer bataille**. Le philosophe considère par exemple le fait de conserver sa vie comme un devoir absolu, valable en toutes circonstances, au même titre que celui de dire la vérité : mais comment faire si l'on doit choisir entre la conservation de notre vie (ou de la vie d'autrui) et dire la vérité ?

« QUE M'EST-IL PERMIS D'ESPÉRER ? »

Le jugement réfléchissant : la téléologie et l'esthétique

Répondre à cette question, « Que m'est-il permis d'espérer ? », nous replace au cœur de **la métaphysique**. Cette dernière devient, pour Kant, une méthode qui veille à assurer l'autonomie de la pensée et **dessine les frontières qui séparent le domaine de la foi de celui de la connaissance**.

C'est en ce sens que le penseur, dans la *Critique de la raison pure*, sépare les phénomènes des noumènes :

- **les phénomènes** (du grec *phainomenon*, « ce qui apparait ») correspondent aux **objets d'expérience** que l'on peut connaitre, aux faits de la nature ;
- **les noumènes** (du grec *nooumenon*, « ce qui est pensé »), par contre, **en appellent à notre foi et à notre pouvoir d'espérance**. Ce sont des **idées régulatrices** : elles ne se trouvent pas à proprement parler dans l'expérience ou dans le champ de la connaissance, mais elles leur donnent du sens et guident nos actions. Kant associe les noumènes aux idées de Dieu, d'âme, etc., et principalement à **l'idée de la liberté**.

L'éthique kantienne accentue cette distinction entre la nature, que l'on peut connaitre, et l'idée de la liberté, par exemple, que l'on ne peut qu'espérer, en posant l'irréductible **séparation entre le champ de l'être (ou de l'expérience) et le champ du devoir être (ou de l'idéal)**.

Sans nier leur nécessaire distinction, la *Critique de la faculté de juger* a pour but de repenser la relation entre ces deux champs. Cela se traduit plus particulièrement par la question du lien entre la nature et l'idée de l'autonomie. À cet effet, Kant commence par épouser un **nouveau point de vue sur la nature**, qu'il appelle **jugement réfléchissant** : ce type de jugement **réfléchit la nature comme si elle portait et incarnait un sens, une finalité**, un *telos* (=une fin). Nous ne sommes pas dans le champ de la connaissance (Kant parlerait de jugement scientifique déterminant), mais dans celui de l'espérance : il ne s'agit donc pas d'affirmer que la nature a de fait un sens, mais nous pouvons néanmoins, à travers notre réflexion sur elle, l'espérer et faire comme si.

La réflexion kantienne prend alors une double direction :

- on peut réfléchir la nature selon un **point de vue esthétique**. Dans ce cas, on aborde la **finalité subjective** de la nature ;
- on peut la réfléchir selon un **point de vue téléologique**. Kant parle alors de **finalité objective**.

La finalité subjective de la nature

Un **jugement esthétique sur la nature** est considéré par Kant comme un **jugement de gout**. Ce jugement ajoute à la contemplation de la nature le **sentiment de plaisir**, lié au libre jeu harmonieux de l'entendement et de l'imagination.

En effet, lorsque l'on est en présence d'un objet beau, cela provoque en nous une harmonie des facultés qui s'accompagne d'un plaisir. Or cette harmonie et ce plaisir sont indissociables d'un autre sentiment fondamental : celui de la **communicabilité universelle de ce plaisir**. Autrement dit, on suppose en l'autre l'harmonie et le plaisir que l'on vit en nous (<u>citation 7</u>). L'homme acquiert le sentiment de la possibilité d'une communication universelle idéale et directe d'homme à homme, ne passant ni par des concepts, ni par des lois. Il éprouve le sentiment universel d'un cosmos partagé.

Ce sentiment symbolise, selon Kant, la **possibilité de la communauté éthique**, c'est-à-dire de la communication entre des hommes libres. C'est là la finalité même du jugement de gout sur la nature : l'expérience du sentiment de la possibilité d'une sympathie universelle et d'une communication idéale constituant une communauté d'hommes autonomes.

Finalité objective de la nature

La téléologie en général désigne la science des fins (*telos* en grec). Dans la *Critique de la faculté de juger*, elle interroge plus particulièrement la finalité objective de la nature. **Juger téléologiquement la nature** consiste à **la réfléchir comme un organisme, c'est-à-dire comme une totalité organisée**. Dans notre œuvre de connaissance, nous supposons que la nature est structurée et qu'elle est régie par des lois mécaniques et génétiques. Il ne faut toutefois pas s'y méprendre, la nature organique n'a que le statut d'une hypothèse ou d'**un postulat**. Pour le dire autrement, l'idée de la nature organisée n'est pas une réalité conquise, mais **une idée régulatrice**.

Avec un tel postulat, l'entendement est lui-même exhorté à **faire comme si la nature présentait une harmonie interne**. L'activité de connaitre de l'entendement est ainsi dynamisée par cette hypothèse et reçoit un sens : celui d'exercer son autonomie à travers la recherche créative de lois pour la nature. Kant élargit alors cette idée en disant que la nature comme organisme a pour fin dernière l'homme lui-même, parce qu'il a la faculté de lui et de se proposer des fins, c'est-à-dire d'être autonome.

Dans la réflexion de l'homme sur la nature, cette dernière rejoint donc l'idée de l'autonomie :

- d'une part, lorsque, dans un jugement esthétique de gout qui juge la nature belle, on a le sentiment de la possibilité d'une communauté d'hommes libres ;
- d'autre part, lorsque, dans un jugement téléologique, on postule que la nature est cohérente et intelligible, qu'elle en appelle à l'activité productrice de l'entendement et aurait pour fin ultime l'homme lui-même, capable de (lui et de se) donner du sens (de faire œuvre d'autonomie au sens large).

EN RÉSUMÉ

À la question de savoir **ce que l'on peut connaitre**, Kant répond : **les phénomènes**, c'est-à-dire les choses qui nous apparaissent et que l'on peut juger grâce aux formes à priori de notre sensibilité, aux concepts à priori de notre entendement et aux principes à priori de notre entendement. Le philosophe établit ainsi les **conditions de possibilité de la connaissance** et, par la même occasion, trace une limite entre les phénomènes de la connaissance et les noumènes, qui relèvent de la foi.

À la question de savoir **ce que l'on doit faire**, Kant répond : on doit **agir selon des maximes qui respectent les devoirs à priori (impératifs catégoriques) de notre raison**. Celui qui se donne à lui-même des lois pratiques et qui les respecte conquiert alors son autonomie.

À la question de savoir **ce qu'il nous est permis d'espérer**, Kant répond : malgré une séparation irréductible entre « ce qui est » et « ce qui devrait être », il nous est permis d'espérer que la nature a un sens pour nous et que non seulement nos actions, mais aussi notre œuvre de connaissance contribuent à nous rendre plus autonomes. D'une part, en réfléchissant **la nature comme objet beau**, l'homme peut espérer, grâce au sentiment de plaisir et d'ouverture qu'il éprouve, qu'une communication idéale et une communauté d'hommes libres sont possibles. D'autre part, en réfléchissant **la nature comme organisme**, l'homme peut espérer que la finalité ultime de la nature n'est autre que lui-même exerçant son autonomie, c'est-à-dire son pouvoir d'engendrer des lois.

POUR ALLER PLUS LOIN

- BOROWSKI (Louis Ernest), JACHMANN (Reinhold Bernhard) et WASIANSKI (Ehrgott André), *Kant intime*, traduction de Jean Mistler, Paris, Grasset, 1985.
- CASSIRER (Ernest), *Le Problème de la connaissance dans la philosophie et la science des temps modernes*, tome 2, De Bacon à Kant, traduction de René Fréreux, Paris, Éditions du Cerf, 2005.
- CASSIRER (Ernest), *Rousseau, Kant, Goethe. Deux essais*, traduction de Jean Lacoste, Paris, Belin, 1991.
- DELEUZE (Gilles), *La Philosophie critique de Kant*, Paris, PUF, 2011.
- FERRY (Luc), *Une lecture des trois* Critiques, Paris, Le Livre de Poche, 2008.
- KANT (Emmanuel), *Critique de la raison pratique*, traduction de François Picavet, 1949, in La Raison pratique. Textes choisis, Paris, PUF, 1956.
- KANT (Emmanuel), *Critique de la faculté de juger*, traduction d'Alexis Philonenko, Paris, Vrin, 2000.
- KANT (Emmanuel), *Critique de la raison pure*, traduction d'Alain Renaut, Paris, GF-Flammarion, 2001.
- KANT (Emmanuel), *Fondements de la métaphysique des mœurs*, traduction de Victor Delbos, Paris, Librairie générale française, 2010.
- KANT (Emmanuel), « Réponse à cette question : qu'est-ce que les Lumières ? », in *Éléments métaphysiques de la doctrine du droit*, suivi d'un *Essai philosophique sur la paix perpétuelle et d'autres petits écrits relatifs au droit naturel*, traduction de Jules Barni, Paris, Auguste Durand, 1853.

TESTEZ VOS CONNAISSANCES !

ASSOCIEZ CHAQUE CITATION À L'EXPLICATION QUI LUI CORRESPOND

Citation 1 : « Que l'on cherche donc une fois si nous ne serions pas plus heureux dans les problèmes de la métaphysique, en supposant que les objets se règlent sur notre connaissance, ce qui s'accorde déjà mieux avec ce que nous désirons [démontrer], à savoir la possibilité d'une connaissance a priori de ces objets [...] » (*Critique de la raison pure*, Paris, GF-Flammarion, 2001, préface de la seconde édition)

Citation 2 : « Le temps est la condition formelle a priori de tous les phénomènes en général. L'espace, en tant qu'il constitue la forme pure de toute intuition externe, est limité, comme condition a priori, simplement aux phénomènes extérieurs. » (*Idem*, p. 128)

Citation 3 : « La liberté consiste alors dans le pouvoir d'agir selon une loi que le sujet se donne lui-même. Elle est synonyme d'autonomie, et coïncide donc avec une liberté soumise à la loi morale. [...] une volonté libre et une volonté soumise à des lois morales sont par conséquent une seule et même chose. » (*Fondements de la métaphysique des mœurs*, Paris, Librairie générale française, 2010)

Citation 4 : « Agis de telle sorte que la maxime de ta volonté puisse toujours valoir en même temps comme principe d'une législation universelle. » (*Critique de la raison pratique*, in *La Raison pratique. Textes choisis*, Paris, PUF, 1956, p. 46)

Citation 5 : « Agis de telle sorte que tu traites l'humanité, soit dans ta personne, soit dans la personne d'autrui, toujours en même temps comme une fin, et que tu ne t'en serves jamais simplement comme d'un moyen. » (*Idem*, p. 85-86)

Citation 6 : « Agis comme législateur dans le règne des fins. » (*Idem*, p. 87)

Citation 7 : « On pourrait même définir le goût par la faculté de juger ce qui rend notre sentiment, procédant d'une représentation donnée, universellement communicable sans la médiation d'un concept. » (*Critique de la faculté de juger*, Paris, Vrin, 2000, p. 188).

Explication a : il existe deux formes à priori de la sensibilité qui structurent notre perception et notre compréhension : le temps, qui est la condition de tous les phénomènes en général, et l'espace, qui est la condition de tous les phénomènes extérieurs.

Explication b : il s'agit de toujours s'assurer que la maxime de notre action peut être valable pour toute autre volonté.

Explication c : l'homme doit agir en postulant un règne dans lequel chacun se traiterait lui-même et autrui comme une fin.

Explication d : être libre consiste à agir selon des lois morales que l'on se donne à soi-même, donc à être autonome.

Explication e : tout homme est digne de respect et doit être considéré comme une fin et non comme un moyen.

Explication f : un jugement scientifique est un jugement synthétique (qui suppose une synthèse entre des perceptions) reposant sur des principes à priori (qui existent en dehors de l'expérience).

Explication g : dans l'éthique kantienne, il existe une séparation nette entre l'être et le devoir être, autrement dit entre ce qui est et ce qui devrait être : en effet, lorsque l'on considère nos actions concrètes, on s'aperçoit qu'elles ne respectent pas strictement les devoirs à priori prescrits par la raison.

Explication h : lorsque l'on juge qu'un objet est beau, le sentiment de plaisir s'accompagne du sentiment de la possibilité d'une communication universelle idéale et directe entre les hommes, ne passant ni par des concepts, ni par des lois.

Explication i : il s'agit de distinguer les phénomènes, qui correspondent aux faits de la nature, des noumènes, qui sont des idées régulatrices telles que les idées de Dieu, d'âme ou encore de liberté, et qui relèvent de la foi.

Explication j : ce n'est pas la connaissance qui doit se régler sur l'objet, mais l'inverse. Autrement dit, les objets qui nous entourent ne sont pas des choses qui vont de soi, auxquels doit correspondre notre savoir : il s'agit de phénomènes que nous devons interpréter grâce à des réseaux de concepts présents à priori dans notre sensibilité et notre entendement.

Rendez-vous sur lepetitphilosophe.fr et découvrez :

Plus de 1200 analyses
Claires et synthétiques
Téléchargeables en 30 secondes
À imprimer chez soi

ISBN version numérique : 978-2-8062-4947-0
ISBN version papier : 978-2-8080-0128-1
Dépôt légal : D/2017/12603/512

Conception numérique : Primento,
le partenaire numérique des éditeurs.

Made in the USA
Monee, IL
07 July 2026